Género **Fantasía**

I0794558

Pregunta esencial

¿Qué puedes hacer para que tus amigos se sientan bienvenidos?

LA CASA de las tres escaleras

Ángela María Pérez Beltrán
ilustrado por Fernando Molinari

Capítulo 1
La casa en el árbol 2

Capítulo 2
La escalera número dos 6

Capítulo 3
La escalera número tres 11

Respuesta a la lectura 16

LECTURA COMPLEMENTARIA **Kintaro, el amigo de los animales** . . 17

Enfoque: Género 20

CAPÍTULO 1

La casa en el árbol

Mariana tiene una casa de madera en uno de los árboles de la granja de sus abuelitos. Le gusta mucho porque tiene tres escaleras especiales. Son únicas. No se parecen a ninguna otra. Pueden llevarla a diferentes lugares del mundo.

Mariana pasa horas en su casita de madera pensando en los lugares que quiere visitar. Allí tiene guardados objetos de todo el mundo: doradas cuentas de ámbar de Rusia, muñecas mexicanas, un frasco con agua del Mediterráneo y muchas otras cosas más.

Un día, Jeffrey, un vecino, le preguntó si podía subir a la casa. Ella le respondió que lo hiciera por la escalera número uno. El niño entró y se distrajo observando los objetos guardados allí. Se hubiera quedado así durante horas si Mariana no le hubiera preguntado:

—Oye, Jeffrey, ¿quieres jugar ajedrez?

—Mmm, no sé jugar ajedrez, pero no hay quien me gane en damas chinas.

La niña empezó a buscar un tablero de damas chinas y no lo consiguió. Tuvo que pedirle ayuda a su vecino hasta que, por fin, encontraron uno.

Cuando Jeffrey y Mariana iban a empezar su partida, oyeron una voz. Era Akio, otro vecino. También quería subir a la casa en el árbol. Mariana lo invitó y nuevamente le dijo que tomara la escalera número uno.

Los dos amigos invitaron a Akio a una partida de damas chinas. Pero, cuando iban a empezar a jugar, se dieron cuenta de que no tenían fichas suficientes. Así que buscaron otra forma de distraerse: jugar al tesoro escondido. Cada uno ocultó un objeto y trazó un mapa con la ruta.

Pronto se cansaron, y Akio encontró un libro con instrucciones para hacer globos de papel. Eso les pareció divertido y empezaron a fabricar pequeños globos que lanzaron por una ventana. Parecía que danzaran en el aire como pequeñas bailarinas con vestidos de colores. Unos desaparecían lentamente, mientras que otros caían en el jardín de la granja de los abuelos de Mariana.

Uno de los globos cayó cerca de una de las escaleras. Jeffrey y Akio se miraron como si se hubieran dado cuenta, al mismo tiempo, de un gran misterio.

—Mariana, ¿por qué hay tres escaleras? —preguntó Jeffrey.

—¿Por qué siempre subimos y bajamos por la misma? —añadió Akio.

Mariana se quedó en silencio. Estaba ordenando sus ideas. No quería que sus vecinos la tomaran por una persona poco confiable.

—Pues... la escalera número uno sirve para subir a la casa y bajar de esta. La dos transporta a pequeñas distancias. Y la tres lleva a lugares distantes —respondió la niña un poco turbada.

Jeffrey y Akio se miraron y empezaron a debatir sobre cuál sería el lugar adonde viajarían.

—Esperen un momento —interrumpió Mariana—. Hoy no viajaremos.

Los dos niños se quedaron en silencio.

—Como les dije, la escalera número uno funciona como una escalera normal. Si quieren saber cómo lo hacen las otras deben venir mañana. Tengo que pedirle permiso a mis abuelitos antes de usarlas.

Detective del lenguaje	**¿Cómo puedes distinguir los diálogos en esta página?**

CAPÍTULO 2

La escalera número dos

A la mañana siguiente, Jeffrey y Akio llegaron muy temprano. Mariana les mostró un letrero: "Soy la escalera número dos. Si bajas con cuidado y frotas suavemente el segundo escalón, te llevaré al lugar que desees. Mis rutas son cortas, solo te puedo llevar de una ciudad a otra".

—No sé a ti, Jeffrey, pero a mí me parece un poco ridículo frotar un escalón, pues no es... —Akio iba a continuar su explicación, pero de repente la escalera se sacudió molesta y el niño tuvo que disculparse.

Después de leer el mensaje, Jeffrey y Akio empezaron a hablar al mismo tiempo de los sitios que querían visitar.

Mariana les dijo que los dos tendrían una oportunidad para elegir el destino. Así que lo mejor era que se pusieran de acuerdo. Jeffrey pidió ser el primero, pues quería visitar un sitio cercano.

—Ya sé adónde vamos a ir —dijo Jeffrey saltando de felicidad—. Visitaremos a mis abuelitos.

—Entonces, acabamos de inaugurar nuestra primera compañía de viajes —dijo alegremente Mariana.

Jeffrey empezó a bajar y mientras lo hacía frotó el segundo escalón. A él no le parecía ridículo, como a Akio, así que no tuvo ningún problema en seguir la instrucción del letrero. Lentamente, la escalera empezó a moverse. Los niños pudieron apreciar cómo cambiaba el paisaje. A la media hora, la escalera empezó a descender y se desplegó para que pudieran bajar. Jeffrey salió corriendo y llamó a la puerta de una casa. Apareció una señora y cuando vio al niño se le iluminaron los ojos como dos estrellas.

—Amor, acaba de llegar nuestro nieto con unos amigos —dijo en voz alta la señora.

Detective del lenguaje	**¿Qué tienen en común los verbos subrayados?**

Inmediatamente apareció un señor, que también les dio una calurosa bienvenida a los niños. Los dos abuelos estaban intrigados por la llegada de su nieto, pero era tan grande su felicidad, que pronto olvidaron una visita tan inusual.

Mariana y Akio quisieron saber adónde habían llegado. Entonces, Jeffrey les contó que esta era la casa de sus abuelos, en Nueva Orleans. Estaban conversando animadamente cuando empezó a salir de la cocina un delicioso olor a comida. La abuela salió con unos platos humeantes, los puso en la mesa e invitó a almorzar a los tres niños.

—¡Bienvenidos! Acabo de preparar una deliciosa comida. Acá hay pollo, papas, huevos. ¡Cuidado, niños!, la salsa tiene una pizca de picante —dijo la abuela.

Los niños y los abuelos de Jeffrey se sentaron en el comedor. Mariana y Akio decidieron ponerle salsa de camarones a sus tortillas de huevo. La abuela los miró de reojo y Jeffrey se quedó en silencio. De un momento para otro, Mariana tenía los cachetes rojos y Akio estaba sudando. Pero eso no les impidió seguir probando el resto de los platos.

Afuera se escuchó un barullo, los niños no sabían qué pasaba. Eran los amigos de los abuelos, quienes habían llegado a la casa. Hablaban animadamente y traían instrumentos musicales. Mariana, Akio y Jeffrey vieron un acordeón, una guitarra, un banjo, un violín y una armónica.

Los abuelos y sus amigos empezaron a interpretar ritmos alegres.

La abuela sacó a bailar a Jeffrey. Eran unos bailarines expertos, parecían dos trompos. Mariana se animó y tomó a Akio de la mano. El niño se resistió al principio, pero, al poco tiempo, dejó atrás la vergüenza y comenzó a bailar a su manera.

La fiesta estaba cada vez más animada. Akio había aprendido algunos pasos de baile y Mariana, algunos acordes de banjo. Jeffrey estaba tocando la armónica, ¡y qué bien lo hacía!

La sensación que se vivía en la casa era de bienestar y alegría.

Cuando el abuelo estaba terminando de cantar, se oyó un golpe en la puerta. La abuela abrió y... era la escalera número dos que estaba lista para llevar a los niños de vuelta a la casa en el árbol.

Se despidieron de los abuelos de Jeffrey y de sus amigos. Y, con música de fondo, se marcharon antes de que anocheciera.

CAPÍTULO 3

La escalera número tres

Dos días más tarde, los amigos se reunieron de nuevo en la casita de madera. Hablaron de la visita a los abuelos de Jeffrey. Los dos niños estaban asombrados, era la primera vez que viajaban a través de unas escaleras especiales. Lo habían hecho en carros, aviones o trenes, pero nunca en una escalera. Mariana ya había viajado muchas veces, pero aún seguía maravillándose con el extraño mecanismo.

—Akio, hoy es tu turno, ¿ya decidiste a qué lugar iremos? —le preguntó Mariana a su amigo.

—Sí, pero está un poco lejos, no sé si la escalera número tres pueda llevarnos hasta allá —dijo Akio un poco preocupado.

La escalera se movió, como si protestara por la falta de confianza que le tenía el niño. Después del susto, Akio le pidió disculpas.

Mariana leyó en voz alta el letrero: "Soy la escalera número tres. A mí me gustan las distancias largas, por eso me estiro sin fin. Si pones tu pie en mi tercer escalón y piensas en un lugar, allá te llevaré".

Akio se paró en el tercer escalón; Jeffrey, en el segundo; y Mariana, en el primero.

De inmediato, la escalera número tres empezó a estirarse, parecía de caucho. Se elevó por los aires y se alejó de la granja de los abuelitos de Mariana. Cruzó el país, el océano y ¡llegó a Tokio, Japón! Se detuvo en un vecindario completamente diferente al de los abuelos de Jeffrey. Akio sintió que su corazón latía con más fuerza.

Los niños bajaron de la escalera y Akio los llevó a una casa. Se acercó a una puerta de papel y madera. Tocó una especie de tambor, un poco mohoso, que estaba en la entrada.

Alguien corrió la puerta. ¡Era la abuelita de Akio! Estaba vestida con un hermoso kimono color salmón, lleno de flores de cerezo. Abuela y nieto se abrazaron con fuerza y los ojos de ambos se llenaron de lágrimas de felicidad.

—Akio, ¡qué agradable y extraña sorpresa tenerte aquí, al otro lado del mundo! —dijo la abuela.

—Abuelita, hace mucho tiempo no los visitaba. Los he extrañado tanto. Por eso quería verte a ti y al abuelo. Te presento a mis amigos Mariana y Jeffrey —dijo Akio.

Antes de entrar a la casa, los tres amigos se quitaron los zapatos. La abuela los invitó a tomar té. Al poco tiempo apareció el abuelo y los saludó con una reverencia.

Tomar té era todo un acontecimiento. Cuando la abuela, Akio, Jeffrey y Mariana se sentaron, el abuelo se puso de espaldas y empezó a preparar el té. Luego, lo repartió con una reverencia. La bebida era amarga y no tenía azúcar. Jeffrey y Mariana la acompañaron con bizcochitos de arroz.

Después, los abuelos los llevaron a otra habitación que olía a tinta. Allí les mostraron ejemplos de caligrafía; cada letra parecía otra cosa, un gorrión, una cascada, una flor, una estrella. Los niños hicieron una actividad complementaria: tomaron pinceles y repitieron los dibujos en el aire. Sus manos parecían aves planeando en el cielo.

El abuelo les leyó un texto que tenía en uno de los pliegos. Akio les sirvió de traductor a sus amigos y quedaron encantados con lo que escucharon: un poema antiguo que hablaba de la belleza de la naturaleza.

Los niños pasaron el día en la casa de los abuelos de Akio. En la tarde, la escalera número tres los llamó. Los niños se despidieron y regresaron a la casa en el árbol gracias a la escalera número tres.

Los tres amigos viajaron con frecuencia a diferentes partes del mundo. Disfrutaban tanto de esta actividad que se encariñaron de las tres escaleras, aunque estas se seguían molestando con algunos de los comentarios de Akio.

Respuesta a la

lectura

Resumir

Usa detalles importantes de *La casa de las tres escaleras* para resumir el cuento. Puedes usar el organizador gráfico como ayuda.

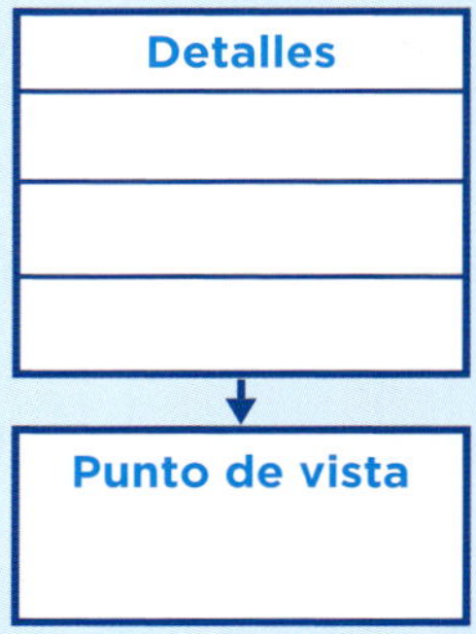

Evidencia en el texto

1. ¿Cómo sabes que *La casa de las tres escaleras* es una fantasía? Identifica dos características del cuento que te permitan determinarlo. **GÉNERO**

2. ¿Cuál es el punto de vista en este cuento? Toma un ejemplo del texto para explicar tu respuesta. **PUNTO DE VISTA**

3. En la página 3, ¿qué quiere decir la palabra *ámbar*? Usa las claves en el párrafo. **CLAVES EN EL PÁRRAFO**

4. Escribe sobre cómo fueron recibidos los niños por los abuelos de Jeffrey desde el punto de vista de Mariana. **ESCRIBE SOBRE LA LECTURA**

Género Leyenda

Compara los textos

Lee acerca de cómo un niño se hizo amigo de unos seres originales.

Kintaro, el amigo de los animales

Hace mucho tiempo, en Japón, una adivina le dijo a una mujer joven que un día tendría un hijo fuerte y apuesto que protegería a las personas.

—Pero, ¡cuidado! —añadió la adivina—. Las personas tendrán celos de su fuerza y buena apariencia.

Unos años después, la mujer dio a luz un niño. Lo llamó Kintaro. Preocupada por la predicción de la adivina, decidió criarlo en las montañas, lejos de otros seres humanos.

Kintaro se hizo amigo de todos los animales del bosque.

Era muy fuerte. Su pasatiempo favorito era practicar sumo, arte marcial que aprendió con los oseznos. Incluso podía ganar con facilidad a un oso adulto más grande.

Illustration: Yu-Mei Han

Aunque era fuerte, Kintaro era admirado hasta por los animales más pequeños del bosque debido a una cualidad complementaria: su gentileza.

Le gustaba buscar nueces con las diminutas ardillas. Cuidaba a los animales heridos.

A Kintaro le gustaba usar su fuerza para ayudar a sus amigos. Cuando un derrumbe de tierra bloqueó la entrada a la cueva de mamá oso, él arrastró las rocas pesadas para liberar a los oseznos.

En otra ocasión, cuando la culebra quedó atrapada en el lado equivocado de un río, Kintaro arrancó un árbol y lo convirtió en un puente.

Los años pasaron y Kintaro se convirtió en un joven. Un día mientras estaba luchando con papá oso, se dio cuenta de que lo estaban mirando. Kintaro no había visto nunca a otro ser humano, además de su mamá y su propio reflejo en el río.

El hombre estaba vestido con una armadura de muchas piezas superpuestas.

Illustration: Yu-Mei Han

—Hola. Mi nombre es Hajime —dijo el hombre.

Aunque era extraño oír otra voz humana, Kintaro recordó que debía ser educado.

—Mi nombre es Kintaro. Estoy encantado de conocerlo.

El hombre explicó que era un guerrero samurái que regresaba a su pueblo. Estaba buscando guerreros para defender a su gente de los enemigos.

—Nunca había visto a nadie tan fuerte como tú —le dijo a Kintaro—. ¿Te unirías a mí como guerrero?

Kintaro se dio cuenta de que su destino era defender a las personas que lo necesitaban. Así que Kintaro y su mamá dejaron la montaña juntos para vivir de nuevo en el mundo de los seres humanos.

Los animales de la montaña estaban muy tristes de verlo partir, pero Kintaro nunca olvidó a sus amigos del bosque y los visitó todos los años.

¿? Haz conexiones

¿Por qué pudo Kintaro hacerse amigo de los animales? **PREGUNTA ESENCIAL**

¿Qué cosas tienen en común los personajes de *La casa de las tres escaleras* y Kintaro? **EL TEXTO Y OTROS TEXTOS**

Enfoque: Género

Fantasía La fantasía tiene características que no serían posibles en la vida real. Algunos tipos de fantasía tienen lugar en mundos antiguos con dragones y tesoros. Otros ocurren en ambientes modernos e incluyen animales que hablan o criaturas fantásticas con poderes especiales.

Lee y descubre Vuelve a leer la descripción de las cosas increíbles que pueden hacer las escaleras número dos y tres. Piensa en lo que puede hacer la escalera uno y lo que hacen las otras.

Tu turno

Trabaja en grupo para convertir una escena de *La casa de las tres escaleras* en un cuento de ciencia ficción. Piensa en cómo vas a representar a los personajes y cuál va a ser el ambiente. Asegúrate de incluir a Jeffrey, Mariana y Akio, y su relación con la casita de madera y sus escaleras.